JN419490

꽃잎에 쓰는 편지

창조문예
시　　선
0　1　7

신현숙 시집

# 꽃잎에 쓰는 편지

창조문예사

## 시인의 말

작은 점들이 모여 선을 이루고
하루가 모여 일생이 되니
오늘이 소중하고 감사한 것을
노을 바라보는 연륜에는
더더욱 공감할 테지요

신기하고 놀라운 비밀들이
인생길 모퉁이
곳곳에 숨어 있었는데
무심코 지나쳐버린 시간은
늘 아쉽기만 합니다

보물찾기하듯
보이지 않는 것을 찾아내는 기쁨으로
한 올 한 올 엮은 두 번째 시집을
출간합니다

기도와 감사와 기쁨 가운데
세밀하게 이끄시는 손길에 감사드리며
누군가에게 향기가 되고
편지가 되기를 소원합니다

2025년 8월
신현숙

# 추천의 글

따뜻한 시인, 신현숙 시인의 두 번째 시집『꽃잎에 쓰는 편지』출간을 진심으로 축하드립니다.

우리 시대의 지성 이어령 선생님은 그의 저서『이어령의 마지막 수업』에서 "선생님에게 럭셔리란 어떤 의미인가?" 라는 질문에 이렇게 답합니다.

"럭셔리란 소유에 있는 게 아니야. 이야깃거리가 있는 인생, 스토리텔링이 가능한 인생이 럭셔리(부요)한 인생 이지."

저는 신현숙 시인의 시를 참 좋아합니다.

이유는 어렵지 않고 쉽게 몰입되며 따뜻한 감동으로 마음에 오래 머물기 때문입니다. 누구나 경험할 수 있는 평범함을 보석 같은 시어로 담아냅니다.

가슴이 먹먹해지는 소망과 기도의 이슬이 방울방울 맺혀 있습니다.

무엇보다 우리 모두가 비틀거리며 살아가는 거친 광야의

삶을 믿음으로 살아 낸 가슴 벅찬 승리의 찬가를 노래하기 때문입니다.

저는 그것이 시인의 가슴에 요동치는 사랑의 열매라 믿습니다.

"하나님 사랑, 이웃 사랑".

아름다운 생명 이야기로 가득한 삶의 노래로 부르심의 길을 달려가는 시인은 럭셔리한 인생입니다.

오늘을 살며 영원을 찬미하는 시인의 노래들은 사도바울의 고백처럼 많은 사람을 부요케 할 것입니다.

기쁨으로 자랑스럽게 럭셔리 스토리를 추천합니다.

안 민(전前 고신대학교 총장, 느헤미야미니스트리 대표)

# 차례

## 1부_ 아름다운 것에 대하여

## 2부_ 나 홀로 생각한다

## 3부_ 붙들 수 없는 것들

# 4부_ 광야를 지나며

# 1부

# 아름다운 것에 대하여

# 느티나무

말이 없어도 곁에 있으면
좋은 사람

잘 보이려 애쓰지 않아도
있는 그대로 받아주는
편안한 사람

그런 한 사람

당신이라면

나는 오늘
서 있어도 좋다

당신 그늘에

# 태동

꿈틀거리는 마음
이게 뭐지

바람 든 무같이
구멍 난 가슴에
성급한 매화가 피었다

시샘하는 눈길
흔들리는 마음이야

너였구나
바로 너
봄이 오는 게지

# 너는 나의 봄이었지

봄이 왔는데
울렁거리지 않는 것은
때 되면 오는 봄이라
기다리지 않았기 때문이지요

너를 기다리던 봄날
뜀박질하듯 나대는 심장은
보고픈 마음
가득했기 때문이지요

나는
봄을 기다리지 않았어요

별빛처럼 반짝이며
꽃보다 여린 네가
온통
나의 봄이니까요

# 삼월이 오고 있다

해풍에 머리 말리는 야자
유채밭으로 노란 봄이 다가선다
짙은 향수 풍기며
바람 타고 내려온다

낙하한 걸음 바쁘게
솟구치는 포말
남빛 물적삼 입은 바다가
육지로 달려온다
검은 돌담 넘나들며
뿔나팔 부는 여인
마른 목 적신다

한라산 중턱에 찾아온 태평양 바람
산성 깃발처럼
봄을 타고 나부낀다

# 눈부신 날

연한 잎사귀 위에 이슬 맺은
싱그러운 아침
파란 대문 집 담장에 덩굴장미
붉은 립스틱 바르고 외출을 서두른다
노란 창포 연못가에 제 얼굴 비춰보는
겹겹이 접은 햇빛 찬란하다
초록빛 물든 오월 눈부신데
머물지 않는 나그네
가지 말라 문고리 잡아도
스치며 지나가는 행인인 듯
저만치 멀어져 가네
너도 그랬지
보고 싶어 가슴 여미는 날
연둣빛 잎새에 반짝이는 하늘
멀리 있었던 너는
푸른 오월이었지

# 너에게 보낸다

혼자 보기 아까운
수채화 같은 꽃길에
향기 실은 바람이 흐드러진다

떠나온 강줄기 끝없고
마음 익어가는 강변
물든 노을이 다가서는데

지금 서 있는 곳에서
그대를 생각한다

내 시선이 머무는 곳
바람에게 부탁한다

놓칠 수 없는 이 풍경
그대에게 전해 달라고

# 벚꽃 길

사월 문 열리면
검은 머리 한 올 없는
백발을 본다
노래하던 직박구리 눈꽃 속에 뒹굴고
춤추던 노랑나비 유채 향에 잠든다
해거름 발길 돌리면
꽃잎이 달려와 붙잡는다
아직도 남은 하소연 있으려나
돌아오는 머리에
흰 눈 같은 벚꽃이
소복이 내려앉는다

# 꽃잎에 쓰는 편지

목련 꽃잎이 촛불처럼
눈뜨는 아침
사랑하는 그대 위해 기도합니다
새벽 같은 푸른 기운이
그대 슬픔 덮어 주기를

겨우내 시달린 가슴앓이
손끝만 닿아도 멍이 드는 여린 가슴에
봄볕이 일어서는 눈부신 정오

목련나무 아래에서
찢어진 백지 꽃잎에
편지를 씁니다
마음이 꽃잎처럼 찢어집니다

하얀 눈물
꽃비로 다 떨어지는 날
그대 얼굴에는
만개한 웃음꽃 찾아오겠지요

# 수목원에서

계수나무, 아왜나무
먼나무, 야광나무, 수수꽃다리
벼룩이울타리꽃, 애기꼬리풀
차례차례 이름 부른다

순이 숙아 자야 흔한 이름 중에
너는 단 하나
지금도 보고픈데
대답 없는 나무를 닮았구나

바람은 쉴 새 없이 향기 품어 나르고
파스텔 톤 종소리 울리며
해마다 찾아오는 두견새
나그네처럼 반갑다

울타리 없이 사는 작은 새들
내용 모를 수다가 무르익는데
나는
하염없이 이름만 부르고 있다

# 별빛

얼마나 오래 달려왔는지
당신은 모르실 거예요
먼 먼 길
당신과 눈 맞추는 오늘 위해

별천지 셀 수 없는데
유난히 반짝이는 저 별은
주인도 많네요

헤라클레스 자리 구상성단
흩어 뿌리고
아크투루스 항성
다이아몬드처럼 빛나고 있어요

거기 그 자리에
매달아 놓으신 이
밤하늘 꽃밭에 거니시고

어둠 깊은 곳에 쏟아지는 은하수 길

내 맘에도 별은 떠
당신은 크시고 나는 작음을

반딧불이처럼 찾아온 별
이 밤도 헤아리고 있네요

# 바람 타고 노래하는 수선화

동해와 남해가 만나
해파랑길 남파랑길
길을 만드네
떨어질 듯 말 듯한 오륙도
쏟아지는 파도 휘몰아치는 바람
해맞이공원에 모인 수선화
발성 연습을 한다
아아아 아아아아
오오오 오오오오
바람 타고 흐르는 고운 목소리
노란 치마 두른 여인은
캉캉 춤을 춘다
내 곁에 돌아오라는 꽃말의 함성인가
꺾이지 않으려는 애틋한 몸부림
바다 위로 펄럭이는 노래
파도를 넘는다

# 여름 향연

느티나무 가지에
매미 합창단 모였다

바람은 지휘자
뙤약볕은 조명
악보 없는 멜로디
피아노 크레셴도
포르테 데크레셴도
쉼표에 숨 돌리고
박자 놓쳐도 나무라는 이 없다

남은 시간 모자라 목소리 높이면
나뭇잎은 흥겹고 춤추는 바람 소리
어둠 벗은 기쁨을
무엇으로 노래하리

육신 장막 벗으면 천상에서 부를 노래
벌레보다 못하리오
합창단 찬양 소리
오늘따라 우렁차다

# 해변에 누워

떼 지어 놀던 물새들
드론 쇼하듯 떠나고
저물어 가는 해변에 누워
하늘을 본다
파도는 발자국도 없이
반짝이는 네온 빛 따라
짙어가는 저녁으로 걸어오고
기타 치는 아이들 노래는
파도 위에 철썩인다
두나 별들은 흰 구름 위에 흥겨워
녹아내리는 달빛
사막 골짜기 같은 모래 등지고
출렁이는 여름밤 깊어간다

# 아름다운 것들

단풍나무숲 사이로
날아간 새는 울지 않는다
붉은 울음이
목소리 삼켰다

단풍나무숲 사이로
날아간 새는 노래하지 않는다
두고 떠난 발걸음
음표를 지워 버렸다

할 말 잊은 그대
떨어진 낙엽처럼
침묵 속으로 걸어간다
밟고 가기 서러워
단풍잎 하나 입에 물고
사뿐히 걸어간다

# 달빛

자정 넘은 삼경인데
잠자는 얼굴에
구리거울 비추는 이 누구십니까

얼굴 부셔 눈 뜨면
창문에 걸터앉은 그대
배꼽 잡고 자지러지네요

밤은 깊어가는데
너 홀로 외로워
나를 깨우나

네 맘에 내 맘
내 맘에 네 맘

새벽닭 헛기침 소리 들리면
강물 가듯 서둘러
갈 길을 가네요

# 물든 잎은 사라지고

얼룩 점박이 산
자지러지는 붉은 몸짓이다

창공을 핥으며 지나가는
솔개 한 마리
부라린 눈으로 산등성이 쪼아
노란 잎새 한 움큼 쏟아낸다

눈썹 희미한 낮달이
골짜기 위에서 맴돌다가
제 허리 긁어대는 옻나무에 놀라
슬그머니 산 뒤로 사라진다

불타는 메아리 산울림 되어
가지마다 흔드는 손
시린 계곡물에 떠내려오는 가을
여울목에 걸린 하얀 함성
노을에 잠긴다
불이 된 몸 하염없이 타오른다

# 낙엽은 말없이 흩어지고

싸늘한 계곡에
낙엽 한 잎 떠내려간다
나부끼는 험한 길에
한마디 비명 없이
낮아지는 길을 간다

마른 엽서처럼 굴러다니는 그대는
발길에 차여서 천덕꾸러기 되기도 하고
철새처럼 날아가 흙이 되기도 하지

저녁 하늘에 물든 노을
하루해가 어둠 속에 사라져도
끝난 게 끝난 것 아니듯이
한 세대는 가고
또 한 세대는 오는 거야

수없이 멍들어 가슴 아파도
너는 거름이 되고
누군가에게 이불이 되고

찬란한 봄을 약속하는 거야
희망찬 내일 바라보며

# 빈 의자

그대 머물다 가는 자리
많은 사람 스쳐 가는데
인동초 향기처럼 은은하면 좋겠습니다
당신 무게를 지고 있어도
무겁지 않아
시간 가는 줄 모르면 좋겠습니다
무슨 말이 오가든지
입 다물고 있을게요
그대는 숲처럼 평안을 주는 자라
아련히 떠오르는 당신 오선지에
나는 쉼표이면 그만입니다

## 2부

# 나 홀로 생각한다

# 담쟁이

남들은 벼랑 앞에
두려워 떨겠지만
난
길을 만난다

남들은 질벽이
끝이라 여기지만
나는
올라갈 기회를 얻는다

살아가는 길
찾아보면 있는데
포기란 이르다

# 이런 사람

눈물이 빗물처럼 흐를 때
잠잠히 곁에 서 있는
당신은 우산입니다

어두운 밤길
갈 길 몰라 방황할 때
빛 비추는 당신은 등대입니다

가뭄에 들풀처럼 목말라 시들 때
한 잔 물 건네는 당신은 단비

남이 잘되는 것
기뻐하는 당신은
높은 산 거목이지요

나는 무엇이 될꼬 하니
그대와 함께 가는 길
지팡이가 되어도 좋겠어요

# 반영

무엇을 잘못했길래
물구나무서있나
연못에 빠진 버드나무

우두커니 보고 있는 나를
거울 보듯 보는 산꼭대기가 하는 말
너는 무엇을 잘못했길래
물구나무서있나

실바람은 풀잎에 앉아
소문 물고 온 청둥오리와 맞짱을 뜬다
말없이 듣고 있던 물낯
매사에 부정적이냐고 묻는다

내 속에 나를 본다
자맥질하는 숨 가쁜 물결이 일렁거린다
모든 것이 생각하기 나름인 것을

# 그대는 아시나요

그대를 위한 간절함은
젖은 기도였네
낡은 옷은 찢어지고
버려진다 하여도
두 줄기 눈물은
낡아지지 않는
보배로운 선물이었지
먼 곳에 눈길 머무는
공허한 한숨은 그대를 찾는
접지 않은 날개
그린나래* 되어 떠돌고 있음을
그대는 아시는지요
행여나 알아줄 리 없건만
그대 지붕 위에 하얀 구름 떠가면
스치고 지나가는
내 마음인가 하소서


* 그린 듯이 아름다운 날개

# 나의 염려는 365일이었지

나는 염려한다
365일 밤낮없이 돋아나는 잡초처럼
오늘도 염려는 바람처럼 스친다

그는 어디에서 오는 것일까
가시밭길 걸어온 아픔이었나
억울하게 남은 상처였던가
가보지 않은 내일과
알 수 없는 오늘
달팽이처럼 더듬어
마음 밭 휘젓는다

삼백육십다섯 번
염려하지 말라는 말씀
지나고 보니 모두
쓸데없는 걱정이었어

# 소쩍새 날아오다

길을 잘못 들었나
소쩍새 울고 있다
이른 새벽
빌딩 숲 가로등 밑에

소쩍 소쩍
소쩍다 소쩍다
전설 같은 울음소리

보고픈 사연일까
잃어버린 세월 찾아 헤매는가
길 잃은 설움에 흐느끼는가
잠들지 못하는 가로등 뒤척거린다

귀 기울이면
간절한 소원 많다는 듯
긴 밤을 새우고
소쩍 소쩍
저 홀로 울다가 가네

# 구름 위에 하늘

구름은 하늘 떠도는 방랑자
팔도 다리도 없는 몸
날개도 없는데
어디로 가는지

내 마음 우울할 땐
잡히지 않는 너
머물지 않는 구름처럼
알 수 없는 곳으로 날아간다

구름 위에 하늘은 여전히 빛나는데

내 안에 사라진 웃음 찾아 하늘을 본다
그러다
맑은 하늘 열리면
청명한 푸른빛에 잠겨버리고 말지

# 비 오는 날의 산행

추적추적 오는 비를 맞으며
산을 오른다
나뭇잎이 철썩철썩 매 맞는 소리
풀잎은 연신 굽신거린다
최고봉까지 오르려면
떨어진 낙엽도 얕보지 말라고
자기 살점 찍어내며
혼쭐내는 산등성이
먼 산을 야금야금 먹고 온 하얀 안개는
시치미 뚝 떼고 앞길을 막는다
세상 품으라고 새겨진 정상
비석 발아래
바위채송화 작은 떨림이 미끄러진다
정수리 잡힌 산꼭대기
함초롬히 젖은 나를
덥석 안아준다

# 오솔길 걸으며

마른 낙엽 밟으니
아프다 한다

자꾸 밟으니
아프다는 말조차 하지 못해

으깨져 흙이 되면
아픔이 뭔지 모른다

허리띠 같은 좁은 산길
그대 마음 알고 가는 산책길

# 접시꽃 피면 생각나는 사람

마디마디 피는 꽃이
천국 계단인 듯

마디마디 맺은 씨
하늘 아래 남겨두고

짧은 세월 살다 간 너는
해마다 유월이면
빨간 너울 쓰고

못다 핀 꽃
그리움 피우려

천상에서 내려와
꽃잎에 앉아 있네

# 나 홀로 생각한다

돌아보면 꿈도 많았지
아프게 달려온 길이
저만치 멀어지고 있다

외로운 날에는
슬픔도 외로움 같아서
잊으려 애쓰면
비문증처럼 눈앞에 아른거리네

이제 남은 길
돌아보지 말자고
차안대 쓰고 달리는 말처럼
앞만 보고 달리자고 다짐하는데

바꾸어 생각하니
복받은 자가 나뿐이었을까
그때는 슬펐어도
지나고 보니 복인 것을
고난은 복을 담은 검은 보자기였네

# 갯바위

너는 언제나 그 자리에 서 있었다
하얀 물보라 너울 쓰고
망부석처럼 먼바다만 바라보았지

물새 한 마리 우두커니 앉아있다
날개 접고 웅크린 너는
누구를 기다리나

반가운 척 다가와 끌어안고
모르는 척 멀어지는 파도는
가다가도 돌아오는데
파도 같은 너는
떠난 뒤에 오지 않네

내 맘에 갯바위 하나
가슴이 아려 온다

# 갈림길

길을 잃은 이정표 앞에 서 있다
어떤 이는 이리 가라 하고
어떤 이는 저리 가라 하고
어느 길이 옳은지
망설이고 서 있다

사람들은 너무 쉽게 이정표가 되려 하네
거짓 정보 유튜브도 많아
온갖 지식 넘치는 세상

선택은 언제나 나에게 있지
차라리 눈 감고
주님께 물어본다
나의 갈 길 인도하소서

# 기다림은 멀리서 온다

개울가에 서 있는 백로 한 마리
마른 꼬쟁이 다리 버티고
긴 머리칼 같은 깃털 반쯤 숨긴 채
웅크리고 서 있다
소리 없이 가는 개울물
바람 타고 흘러가는데
물고기 한 마리 오지 않는다

시장 한구석에 시들어가는 남새 늘어놓고
손님 기다리는 흰머리 노파
지나가는 사람 간절하게 바라보지만
손님은 오지 않는다
자리 뜨지 못하는 기다림은 멀리서 오고

하얀 날개 같은 자존심 세우고
오지 않는 이 기다리는 애타는 시간 흐른다

숨죽이던 백로는 공시간 채우고
도도하게 옮기는 발걸음 태연하다
허기진 배 언제 채우려나

# 오늘을 산다

달려가는 시간
잡히지 않는다
자고 깨는 일상

허우적거리는 손가락 사이로
삐걱거리는 바퀴
무심히 가는 강물처럼 굴러간다

갈 테면 가라지
붙잡지 못하는 세월
같은 일 반복되어도
나는 나의 길을 간다

눈부신 복된 날이라고
날마다 속삭이며
오늘을 살아간다

# 고장 난 텔레비전

네가 없으니 세상이 없어졌다
죽음이 이런 것인가
스르르 눈을 감는다
두들겨 보아도 소용이 없다

네가 부르면 숟가락 놓고 달려가기도 하고
한적할 땐 머물 곳 찾아 채널 돌리며
지구촌 소식 새벽을 열기도 하였지

모르고 살아도 되는 이야기
알아서 괴로웠던 사건들
정치판에 흥분하고 불륜에 욕하고
사건 사고 아파하고 안방에서 세계여행
웃기도 울기도 노래도 불렀지
멍하게 끌려다닌
경계 없는 숱한 세월이 지워졌다

너 없이도 살 수 있는데
적막강산 자연인인들 사는 보람 없으랴

아뿔싸

하늘이 나를 보고 있네

# 외로운 산

카페 창가에 앉아 차를 마신다
나이테 굵은 탁자
사람이 그리워 산에서 왔다고 말을 건다
창밖에 눈은 그칠 줄 모르고
스틱에 찍은 마마 자국
굳은살에 서러운 낙엽처럼
눈이 내린다
하얀 길 달리는 백마는
눈덩이 짊어진 나무들
아무 일 없는 듯 아무 말 없는데
산림보호감시원은 매일 산길을 닦는다
보는 이 없는데
가르마에 쌓인 눈 까맣게 지우며
홀로 앉아있다

# 햇볕 쬐이며

베란다에 대형 화분들
나란히 줄 서있고
작은 화분들 누워 찜질을 한다

창문 사이로 들어온
늦가을 남은 볕이 온열치료기처럼
아픈 어깨를 감싸준다

할 일은 아직 남았는데
채운 것 비우고자
뻣뻣하게 굳은 허리를 찜질한다

나를 비우는 것은
고통 없이 되는 일 아니고
또 나를 비우는 것은
내 것 아님을 아는 것이었네

햇볕이 다정스레
속삭이고 있었다

# 3부

# 붙들 수 없는 것들

# 버릴 수 없네

어머니가 만드신 홑이불
버릴 수 없네

달그락 탁
달그락 탁
어머니 젊은 날이 엮이는 소리

까슬까슬 등 긁어 주는
풀 먹인 조각 이불
끌어안고 잠드는 열대야

에어컨 바람 넘나드는
애착 이불이던가
낡아도 버릴 수 없는
삼베 홑이불

# 눈물 마른 산에는

한 줌 흙으로 나란히 누운 부모님 계신 곳에
누가 와서 꽃씨를 뿌렸습니까

아무도 눈길 주지 않는
잡초로 살아온 설움 딛고
개망초꽃 하얗게 피었습니다

술패랭이 다섯 꽃잎
한 가지에 다섯 남매
고개 숙여 드리는 감사
붉게 익은 산딸기
입 벌리라 합니다

화려한 루드베키아
어디서 왔는지 물어보지 않았습니다
기린초, 엉겅퀴, 까치수염
유월 구름 꽃
수줍게 흔들리는 그대가 좋습니다

먼 하늘 화선지에 펼쳐지는
꽃밭 가득 그리운
당신 얼굴
가만히 만져 봅니다

# 그때는 몰랐어라

아이 낳아 끓여준 미역국
손주 안은 할머니 마음을
그때는 몰랐어라

어머니보다 늦은 나이에
알게 된 이 서사를

불덩이 안은 가슴
허리 아파 어깨 아파
시큰거리는 손목에도
흥얼거리던 도마 소리
지금도 들려오네

몰라준다고 섭섭할 것 하나 없네
미안할 것도 없네
그것이 기쁨인 것을
그것이 선물인 것을
이순 지나고 고희 앞둔 나이
이제야 나도 알았네

# 상추쌈

겨울 빠져나간 텃밭에
상추 씨 뿌린다
초록은 꿈틀거리고
나풀거리며 일어서는 상추

씨 뿌려 물 준 이 누구이길래
지나가던 구름이 으스댄다
살짝 나온 햇빛이 빙긋이 웃는다
서로 자기 공로라 우기네

할머니 어머니 배고픈 시절
상추쌈 한입에
가난도 거꾸러지던 날 헤아려본다

누가 애쓴들 무슨 상관이랴
자라게 하는 이 따로 있는데
식탁 위에 초원은 맛나기만 하다

# 낙타 눈물

뜨거운 모래바람
눈을 감고 걷는다

피할 수 없는
뜨거운 열기

얼마나 견디기 힘들었으면

젖 한 번 물리지 않고
도망가는 찢어진 모정

달리다 숨은 곳이
초원이든 가시밭이든
찬송 소리 들리면
내 죄가 크도다
주먹으로 치는 가슴

탄식하며 애통하는
낙타 무릎에 떨어진 눈물은

굳은 마음 녹이는
영혼의 무지개

# 나뭇가지에 걸린 연

날고 싶어
뜨고 싶어
오르내리다
둥지 위에 펄럭이는 황새같이
나뭇가지에 걸린 연

남들은 독수리 되어 날고 있는데
가오리 꼬리는 하염없이
제자리만 맴돌고 있네

하늘로 비상하고 싶었던 젊은 날
날고 싶었던 때가 있었지
나뭇가지에 걸린 가오리연처럼
허우적거리던 때도 있었지

이러지도 저러지도 못하는 수많은 날들
몸부림칠수록 칭칭 감기는
엉킨 실타래 같은 사연을
누가 풀어 주려나

사나운 바람 불어와
나무에서 해방된 몸
풍선처럼 날아가네

# 선인장 1

여보 밥 먹자
허기진 그대 위해

아내는 밥인가
꽃물 녹은 밥인가

양념 없이 먹는 하얀 쌀밥
선인장 가시로 피어나기도 하지

붉은 꽃잎 으깨서
가슴으로 맺은 우리들의 지난날

손바닥에 백년초
사막에 핀 밥이었나

# 선인장 2

가시가 많아요
다투고 찔리면
피가 솟아요

멀리하자 했는데
왜
가슴이 꽁꽁 묶인 것처럼 아픈 걸까요

차가운 눈빛에
파랗게 멍이 들면
한 치 앞 못 보는 미련한 발걸음
알맹이 없는 껍질일 뿐

다가가다 찔리면
노을처럼 붉어지는 아픔
나에게만 있는 걸까요

# 빈둥지증후군

해를 품고 있던 바다
아침이 되면
빈 둥지로 파랗게 눕는다

삼 남매 장성하여 떠나보낸 뒤
빈방 들여다보면
가슴이 바다처럼 파랗게 눕는다

붙잡을 수 없는데
떠나보내야 하는데
왜 윤슬 같은 눈물 고이고
향방 없는 웃음으로
시간을 담는 걸까

허전한 일상을
아픈 무릎 위에 내려놓고
구부정한 어깨가 둔덕의 곡선처럼
하얗게 흘러내린다

쓸쓸한 가슴 바다에
사랑하는 얼굴 떠오르면
세상을 밝히는 빛이 되라고
어려움 있어도 믿음으로 이겨 내라고
날마다 날마다 기도 손 모은다

# 보이지 않는 것들에 대하여

높이 솟은 송신탑 바라본다
멀리서 보면 장대 하나 꽂은 듯한데
떠도는 소리 잡아
손안에 쥐여준다
허공은 텅 빈 공간 아니네

우주는 신의 안방 같기도 하여라
파란 눈 뜨고 보는 하늘
커다란 귀를 가졌네

어쩔까나
혼자 중얼거리던 사연 들통났네
주여 용서하소서
살아온 모든 날 은혜였네

새삼 신기하여라
보이지 않는 것이
이처럼 놀라울 줄이야

# 에바다

강물이 얼어 유리처럼 차가운데
뜨거운 혈관은 물길 같고
닫힌 마음 서슬 푸르네

하늘로 난 길은 열려있는데
그대 문 여는 날
행여 오늘일까
까치발 들고 들여다보면
지난날은 여기저기 쭈그리고 앉아
숨죽이고 있네

그대는 외면해도 좋은가요
굳은 표정
제자리걸음만 하고

따스한 눈빛에 강물 풀리듯
마음 문 열고 창공 날으면
푸른 대문 활짝 열리는 걸

# 아무 일 없는 날

태양이 새끼손가락만큼만 다가온다면
지구 자전이 일 분씩만 빨라진다면
별들이 제멋대로 자리 옮긴다면

끔찍한 일 안 일어나는
기적 같은 날들이
눈만 뜨면 곁에 앉아 있다

숨 쉬듯 읊조려도 모자라는
지금을 느낄 때

그네에 뒤통수 맞던 날
이석증으로 천장이 빙글빙글 돌아가던 날
트럭이 승용차 삼키던 날
목숨 부지한 것
그날만 감사한 것 아니었네

아무 일 없는 오늘은
기적 속에 하루였네

# 붙들 수 없는 것들

하루가 지나간다
때로는 뛰어간다
바퀴 달고 굴러간다

나의 계획이 수평선처럼 멀다 생각하면
어느새 눈앞에 다가와
빠르게 지나간다

돌아볼 새 없이
또 다른 계획
대나무 마디처럼 매듭을 짓고

잡을 수 없는 바람처럼
오늘이 지나간다

# 모르면서

자기 몸 태우며
머물러있는 태양을
날마다 뜨고 진다고 하네

밤낮 떠 있는 별
사라진 것 아닌데
밤에만 뜬다고 하네

내 마음 모르면서
네 맘대로 말하면
억울해서 나는 어떡해

# 아하!


이해하지 못했어요
그때 그 말들
수용하지 못했어요
알 수 없는 그 표정

당신 생각 그르다
손을 저었고
내 생각 옳다고
문을 닫았죠

이제는 알았어요

작은 몸짓에도
이유가 있다는 것
너와 나
우리 모두 달라도

한마음 한뜻 되면
사랑의 힘 커진다는 것을

# 무엇으로 남으리

창밖에 새 한 마리
베란다 앞을 화살같이 지나갑니다
무엇을 보았는지
생각할 겨를도 없이
시야에서 사라집니다

돌아보니 어제가 까마득합니다
멀어져 간 시간은
뒤돌아보지 않고 달려갑니다

끝없는 세월은
언젠가 나의 정거장에 내려줄 텐데
오늘이 어제 되듯
지금 여기에서
나는 무엇으로 남을까

당신을 사랑하는 것
향유 부은 여인처럼
머물지 않는 오늘을

그대 발등에 부어 주는 것
다정한 말 한마디로
향기롭게 다가서는 것

오늘이
소리 없이 지나갑니다
슬라이드 화면처럼 지나갑니다

# 4부

# 광야를 지나며

# 힘드냐고 물어본다

검은 돌 사이로
나무 뼈들이 헝클어져 누워있다
넘어지면 넘어진 대로
기대면 기대는 대로
칭칭 감으면 감기는 대로 누워 있다
찾아볼 수 없는
곶자왈 나무들의 질서

거친 돌은 이끼의 밥이 되고
자기 몸 내어주며 살아가는 숲

힘드냐고 물어보면
까맣게 탄 속인데 무슨 생각 있으리오
검은 절망이어도
한세상 더불어 살면
푸른 숲 되는 걸
고개만 끄덕인다

# 치유숲길을 가며

파초 잎 넓은 가슴에
하늘 웃음 담는다
무거운 짐 어디 갔나
신발마저 벗어두고
흔들리는 세상도 내려놓는다

참다래 넝쿨 아래
지친 몸 달래주는 해먹
피랑*에 열기 앗아간
계곡물 신음 소리 사랑스럽기만 하다

숨어 살다 목소리 터진 간드러진 매미들
편백나무숲 사이로 흩어지고
피톤치드 폐부 흔들어 날갯짓한다
나에게 찾아온 푸른 마음
낙원 같은 날이었네

* 절벽이나 벼랑을 뜻하는 경상도 방언

# 엑소더스

밤꽃 내음 진동하는 해거름 산길
개미 떼 이사를 간다
보따리 하나 없이
줄지어 가는 행렬 장관이다
시작과 끝이 어디인지
보이지 않는다
강줄기 따라가는 물길처럼
줄줄이 뿌려 놓은 씨앗처럼
찾아가는 행방이 궁금하다
어떻게 알았을까
큰비 온다는 소식
너희 기상청이 어디냐고 물어본다
대답도 없이
높은 데로 높은 데로
가는 길 분주하다

# 제주도 숨비소리길

바람 흔들리는 숨비소리길
검은 바위틈에 땅채송화
별처럼 노란 속삭임이
낮은 곳에 흐른다

새벽에 떠난 낚싯배는
출렁이는 바다에 몸을 맡기고
일찍이 낡은 빛을
붉은 접시에 담아 올린다

허파꽈리 같은 용암 속으로
하얀 포말 부서지고
바닷속 뒤적이던 여인은
빨랫줄에 물옷 걸어두고 잠이 들었나

호오이 호오이 휘파람 소리 잠자는
밭담 길 한적하다

# 로마를 향하여 1

여객기 창가에 앉아
내려다본다

높음도 낮음도
다를 것 없네

가없는 하늘 품에
안겨 보아라

흔들리는 난기류
쓰러지는 비명

내 사는 곳은
낮은 곳이네

날개 의지한 하늘길
구름 뚫고 날아간다

# 로마를 향하여 2

푸른 초원에 양 떼들 눈부시다
목자 곁에 어린 양
하늘나라 닮았네

아말피, 포지타노
주름진 반짝이 옷이 짙푸른 바다
올리브나무 그늘 아래
오 솔레 미오
손뼉 치는 하얀 절벽

이름 모를 새들의 바리톤 가락이
주저리주저리
로마 역사 꿰뚫는 가이드 행보를 따라간다

로마는 안녕한가요
미켈란젤로는 바티칸으로 오라 하고
레오나르도 다빈치는 밀라노로 오라 하고
몰려오는 인파 검은손 주의보
목자는 양 떼를 찾는다

주님
여기 우산소나무 그늘 아래
플라멩코 춤 추실까요

# 베네치아 가는 길

광풍이 분다
바다 사이로 난 도로 지날 때
휘청휘청
해가 지는데

밤새 부는 바람은 구름 걷어내고
모세 기적처럼 상기된 아침
찬란한 태양이 환호성 지른다

썰물에 얼굴 내민 갯벌
임플란트 기둥 세우듯
물 위에 말뚝 박아 지은 집이
도시로 변한 베네치아
산 마르코 광장은 인파로 출렁인다

수상택시 수면에 미끄러지면
고건물 발등에 물결 춤추고
골목길 휘젓는 곤돌라
흐르는 뱃전에

사공이 부르는 노래
산타 루치아

# 하얀 리기 산

하얀 파카에 하얀 털모자
그녀는 리기 산을 닮았다
하얀 바지에 갈색 아이젠 부츠
하얀 산에서 만난 하얀 머리
잔잔한 미소로 바라보고 있다

산악열차
힘겹게 눈을 이고 버티는
크리스마스트리 같은 나무들
탄성 지르며 양쪽 창 오가는 동양인
서로에게 구경거리였지

늘 보는 폭설이 싫다는
평온한 눈가에 눈이 내린다
하얀 산 닮아
때 묻지 않은 마음
흰노루귀처럼 피어 있다

설산에서 찾은 보석

비탈진 눈길로 사라지는 뒷모습
시선이 따라간다
그녀는 리기 산을 닮았다

# 폼페이

베수비오 산 울음 울 때
애끓는 속마음 들었더라면

얼마 남지 않은 시간
모래시계처럼 감지했다면

가진 것 미련 없어
두고 떠날 줄 알았다면

재로 덮인 하늘은 빛 잃고
뜨거운 불속에 아비규환
무덤 된 폼페이

나는 듣네
이 땅에 영원한 것 없으니
왔다가 사라지는 세상 자랑 부질없어
창조주 기억하라

무덤에서 일어나
가슴 헤집는 폼페이

# 바란 광야를 지나며

죽은 듯이 살아가는
머나먼 광야
풀은 회색으로 물들고
지천에 널려있는 바위틈에
비구름 기다리는 풀 한 포기
가시로 숨 쉬며
누워 있기도 숨이 차다

눈 부릅뜬 태양이 내려다보는
서둘러 떠나는 바란 광야
물 댄 동산 꿈꾸며
베두인 소년의 먼지 묻은
검은 맨발이 눈물겹다

사방으로 돌과 모래만 무성하고
낙타는 눈 껌벅이며 무릎 꿇는데
메마른 땅에 심어진 고행 같은 흔적
하룻길 되는 가나안
애달픈 푸른 소망
긴 밤이 지나간다

# 홋카이도에서 북한을 본다


유월 홋카이도는
연둣빛 원피스처럼 팔랑거린다
자작나무 즐비한 차창 밖
배고픔 모르는 민들레는 보름달 얼굴이다

높은 산 눈꽃은
흰머리독수리처럼 눈 부릅뜨고 서 있는데
미우라 아야꼬는 『빙점』으로 말을 한다
십자가 붉은 꽃
이곳에 피어나면
죄와 허물도 하얗게 덮일 것을

여기서도 생각나는
잠들지 못하는 그리움
서남쪽 바다 건너가면
보고 싶은 금강산 살고 있지

불타는 적개심
봄눈 녹듯 사라지고

화해하는 손 마음속에 가득하다

겨레가 함께 부를 노래
금수강산에 퍼지는 날
복음 꽃 피는 그날 어느 때나 오려나
타국에서 생각하는 한반도
가슴에 어린다

# 손양원 목사님 기념관에서


작은 초가지붕 아래
조그마한 동상 하나
성경 들고 앉아 있다
함안군 칠원읍 칠원교회 앞

온 생을 불살랐던 사랑
상처 흐르는 한센씨병 환자 끌어안고
그 상처 입으로 뽑아내는 사랑
내 머리 띵하게 두드린다
구걸 오는 문둥이 무섭다고
다락방에 숨죽이던 그날의 기억
산산이 부서진다

그의 영혼은 예수님과 함께였지
신사참배 거절하는 고문
아들 잃고 쓰러진 슬픔을
용서로 끌어안았던 사랑이여

배반할 수 없는 신앙

붉은 동백 떨어지듯 떨어진 순교자의 피
누가 그 길을 함께 갈 수 있으랴
진정 예수님과 함께 살고 함께 죽은 것을

나는 말이 없었네
십자가 고통이 아름다운 것을
하늘에서 빛나는 별빛을 보았네

# 그 이름은 사랑

하나님의 나라
그 나라를 아시는지요
지구 떠난 제임스 웹은
별난 세상 사진 찍어 보내는데
얼마나 광활한지
망원경으로도 볼 수 없는
신비의 세계

창백한 푸른 점 속에
존재도 찾을 수 없는 나
이다지도 세밀하게 간섭하시는
당신은 어디에 계시는지요

마음속 깊이 물어봅니다
품 안에 안겨있어 보지 못하고
내가 너무 작아 보지 못하는데

나를 사랑한다는 또렷한 말씀
놀라운 사랑 이야기 듣고 믿었네

하나님은 사랑
하나님은 영이시라
내 안에도 그 나라 있었네

# 카멜레온


가도 될까
가지 말까
망설이고 있네
사방 눈 돌리던 그대는

미동 없어 죽은 줄 알았지
꼼짝없이 나는 속았네
변장의 고수

춥다고 하더니
금방 덥다고 해
돌아서서 짜증 내는 너는 카멜레온

유리관 속에 있는 너와 나
좋을 때는 사랑해
미울 때는 웬수
변덕이 죽 끓고 있네

# 무조건이야

밤하늘 별을 보며 약속했지
네가 바다 건널 때 순풍 보내고
강물이 길 막으면
다리가 되어 주고
거친 길에 꽃씨 뿌려
네 곁에 있겠다고

어두운 밤길 헤맬 때는 하늘을 봐
너를 보는 나의 눈길 반짝이고 있는걸
헤매다가 돌아오면
등대마다 불 밝혀 비춰 줄 거야

아프지 마
네가 즐거우면
나도 즐겁고
너를 위한 나의 목숨 아깝지 않네

그게 나인 것을
너는 아느냐

# 나의 하나님

당신의 골방에 엎드립니다
모든 생각과 설움도
은밀하게 말할 수 있는
비밀의 공간 속에 있습니다

당신은
비었던 가지를
생명 꽃으로 피우는 입김입니다

거리도 잴 수 없는 넓은 뜰에
피조물 중에 으뜸으로
사람 지으시고 다듬어 가는
능력의 손길

어찌 그리 크신지요
어찌 그렇게도 섬세하게 살피시는지요
당신을 아버지라 부를 수 있는 것은
최고의 특권입니다

말로 표현할 수 없는 은혜
감사합니다
당신 품에 안긴 나는
오늘도 행복합니다

# 순례자

광야를 걷는다
마른 햇볕 마시며 걷는다
이 세상 오아시스
머물 곳 아니기에
생명수 흐르는
영원한 곳 바라본다

무거운 한 걸음이 하루 같고
가벼운 천 리 길이 한 걸음 같을 때
가까운가 하면 멀리 있고
멀리 있는가 하면 가까운 본향
눈앞에 있네

뜨거운 인생길 눈물 고일 때
구름기둥 아니면 어이 견뎠을까
시리도록 깜깜한 사막의 밤
불기둥 아니면 어이 견뎠을까

너를 사랑하노라

너와 함께하노라
하나님 사랑은 하늘 두르고
마르지 않는 바다와 같아라
나무를 심으면 새가 날아오고
꽃을 심으면 벌 나비 찾아오듯
사랑을 심으니 사람이 다가오네

아직도 남은 길

고단한 몸은 쉬라 하지만
십자가 그늘 아래 모든 짐 내려놓고
빛을 따라 걷는다
주와 함께 걷는다

즐거운 맘으로
본향을 향하여

해설

# 맑은 음표 하나 걸어 두고 부르는 노래
— 신현숙의 시 세계

정   훈(문학평론가)

　신현숙 시인의 두 번째 시집 『꽃잎에 쓰는 편지』는 심란한 내면을 복잡하게 이리저리 난수표처럼 언어로 흩뿌려 놓지 않고 간명하게 적시한다. 시인은 여느 사람과 마찬가지로 지금 시대에 적응하면서 마주하게 되는 여러 국면 앞에서 방황하거나 좌절하는 존재이지만, 속내를 완전히 보여 주지 않고 짧은 대화를 나누듯 간단한 말로써 내면 풍경을 드러내는 일이 그리 쉬운 편은 아니다. 행복과 평화를 바라는 마음이 어둠과 절망이 주는 그늘에 스며들면서 시인의 고독이 생겨난다. 그러나 고독은 시인의 전유물이라기보다는 사람이 지닌 유한한 존재성 때문에 어쩔 수 없이 생겨나는 그림자일 뿐이다. 따라서 이 세계는 수많은 빛과 그림자가 서로 섞이면서 유동하는 바다이다. 파도가 드세게 밀려오면서 자신을 때릴 수도 있는 반면에, 잔잔한 은빛

밤바다의 고즈넉하고 따뜻한 물결처럼 내면의 격정을 가라앉히는 경우도 있다. 어떤 삶이든 자신이 바라는 온전한 빛깔로 다가오는 세계가 있다면 아마 환상이나 상상에서나 가능할 것이다. 그래서 시인은 현실에서 경험한 삶의 오돌토돌한 형식에 구애받지 않고 수용하면서 생겨나는 감각에 온몸과 마음을 맡겨 버리는 경우가 많다. 여기에서 고통과 슬픔은 꿈과 희망의 내일을 바라는 마음에 희석되거나, 북받쳐 오르는 기쁨과 환희를 지그시 내리누르면서 현실을 객관적으로 응시하려는 마음을 지니려 한다. 신현숙 시인의 시는 즉물적으로 다가오는 사람과 사물의 속내를 분석하거나 파헤치지 않고 날것으로 생겨나는 마음의 기울기를 곧바로 소재로 가져와 대입하는 시 쓰기의 전형을 보여 준다. 이런 점에서 본다면 시인에게 삶의 터전과 바탕이 되는 것은, 곧 소재와 언어가 주고받는 내밀한 대화의 관계일 것이다. 관계의 시학이라고 할 수 있는 신현숙 시인의 시편에서 우리는 인간과 존재가 대응하는 방식에서 비롯하는 내면의 풍경이다.

> 말이 없어도 곁에 있으면
> 좋은 사람
>
> 잘 보이려 애쓰지 않아도
> 있는 그대로 받아주는

편안한 사람

그런 한 사람

당신이라면

나는 오늘
서 있어도 좋다

당신 그늘에

―「느티나무」

'느티나무'와 '사람'의 비유 관계는 오래전부터 문학작품
에 자주 등장하는 소재이다. '나무'가 주는 이미지는 많은
데, 그 가운데 가장 널리 알려진 것은 묵묵함일 것이다.
묵묵함은 믿음으로 이어지고, 이러한 믿음은 신뢰와 배려
와 만나게 된다. "잘 보이려 애쓰지 않아도 / 있는 그대로
받아주는 / 편안한 사람"이 바로 "당신"이고, 이러한 "당신
그늘에" 서고 싶다는 바람을 감추지 않는다. 여기서 당신
은 시인이 믿고 의지하는 대상이다. 이 대상은 굳이 비유를
들자면 나무와 같은 사람이다. 특히 느티나무이다. 느티
나무 그늘 속으로 들어가면 안온하고 편안한 느낌을 받는
다. 우리를 지켜 주고 묵묵히 받아 주는 존재이기 때문이

다. 나무를 가져와서 사람에 대한 믿음을 보여 주는 시로 읽게 된다. 위 시는 단순하고 소박한 시인의 바람을 형상화했지만, 이 짧은 말 속에는 시인이 평소 아끼고 사랑하는 존재가 어떤 사람인지 귀띔해 준다. 관계의 맥락에서 시인이 희망하는 상태를 위 시를 통해서 잘 알 수 있다.

느티나무 가지에
매미 합창단 모였다

바람은 지휘자
뙤약볕은 조명
악보 없는 멜로디
피아노 크레셴도
포르테 데크레셴도
쉼표에 숨 돌리고
박자 놓쳐도 나무라는 이 없다

남은 시간 모자라 목소리 높이면
나뭇잎은 흥겹고 춤추는 바람 소리
어둠 벗은 기쁨을
무엇으로 노래하리

육신 장막 벗으면 천상에서 부를 노래

> 벌레보다 못하리오
>
> 합창단 찬양 소리
>
> 오늘따라 우렁차다
>
> ―「여름 향연」

　사람으로 의인화된 느티나무는 위 시에서는 나무에 달라붙은 매미 소리를 묘사하는 데서 새로운 시적 색채를 띤다. "매미 합창단"은 시인이 붙인 이름으로, 매미가 떼로 부르짖는 울음소리를 형상화한 것이다. 여름이 절정일 무렵 여기저기 요란하게 울어 젖히는 매미 소리를 도시에서 보기란 쉽지가 않다. 가로수에서 간간이 소리가 나긴 하지만 예전만 같지 않아 보이는 까닭은 무엇일까. 사실 매미 소리는 자연의 소리이고, 자연의 소리를 벗 삼아 살아가는 사람 처지에서는 매미나 사람이나 생명을 키워 결국 하늘로 되돌아가는 일에서 같은 존재일 수밖에 없다. "육신 장막 벗으면 천상에서 부를 노래 / 벌레보다 못하리오 / 합창단 찬양 소리 / 오늘따라 우렁차다"고 시인이 진술했듯이, 모든 생명체는 숨을 쉬며 생장生長을 할 때 맘껏 생명력을 뽐내다가 종국에는 생명을 두른 외피를 벗어던지면 하늘이든 어디든 자신이 원래 나왔던 곳으로 돌아가야 하는 존재다. 그러니까 생명을 내뿜으며 숨 쉬는 존재는 그 자체로 아름다운 것이다. 언젠가 생명의 호흡이 끝나고 죽음을 거쳐 하늘로 돌아갈 존재이기에 삶의 과정에서 피워 올리는 모든 생명의 소리는 그 자체로 의미가 있고 행복한 형식임을 위시는 보여 준다. '합창'이라는 외관을 한 생명의 옹알이는 비단 곤충에 국한되지는 않을 것이다. 사람도 마찬가지라는 사실을 새삼 확인하게 하는 작품이다.

무엇을 잘못했길래
물구나무서있나
연못에 빠진 버드나무

우두커니 보고 있는 나를
거울 보듯 보는 산꼭대기가 하는 말
너는 무엇을 잘못했길래
물구나무서있나

실바람은 풀잎에 앉아
소문 물고 온 청둥오리와 맞짱을 뜬다
말없이 듣고 있던 물낯
매사에 부정적이냐고 묻는다

내 속에 나를 본다
자맥질하는 숨 가쁜 물결이 일렁거린다
모든 것이 생각하기 나름인 것을
                              ─「반영」

사물을 통해 인간의 내면과 정신을 반추하는 시의 기법은 사실 오래되었다. 흔히 '객관적 상관물'이라는 용어로 표현되는, 시적 의미를 끌어내기 위한 적합한 사물이나 대상에 시인의 마음을 투사하는 기법을 「반영」에서 사용하고 있다. 위 시에서 객관적 상관물로 쓰인 시어는 '연못'이다. 물구나무를 한 것처럼 연못에 비치는 버드나무를 바라보면서 "내 속에 나를 본다 / 자맥질하는 숨 가쁜 물결이 일렁거린다 / 모든 것이 생각하기 나름인 것을" 사유하는 시인의 모습을 상상할 수 있다. 이런 경험은 시인뿐만 아니라 많은 이들이 일상에서 흔히 만나게 된다. '반영'이라는 말은 늘 매개를 필요로 한다. 그러니까 어떤 속성이나 성질이 다른 매개를 통해 드러나는 현상이 반영이라는 말로 나타나는 것이다. 제 속에 있는 어떤 감정이나 기분이 평소 모르고 지내다가 어느 순간 다른 사물을 통해 되살아나는 경우를 본다. 이런 경우 자신도 몰랐던 자신만의 마음을 알아차린다. "내 속에 나"는 "자맥질하는 숨 가쁜 물결이" 늘 요동친다는 사실을 시인은 깨닫는다. 하지만 이런 사실을 두고 연연해서는 늘 자책과 자의식에 사로잡히는 결과를 낳는다. 따라서 "모든 것이 생각하기 나름"이라는 사실을 진술함으로써 스스로 사로잡히는 마음의 어지러움을 경계하고, 마음이 움직이는 길을 사심 없이 응시하는 성숙한 자아를 염원하는 것이다. 이러한 자기반성과 성찰에 따른 내면을 들여다보는 자아 성찰적인 시는 세계와 시인이 관계하는 과정에서 흔히 보게 되는 내면 풍경의 하나이다.

> 달려가는 시간
> 잡히지 않는다
> 자고 깨는 일상
>
> 허우적거리는 손가락 사이로
> 삐걱거리는 바퀴
> 무심히 가는 강물처럼 굴러간다
>
> 갈 테면 가라지
> 붙잡지 못하는 세월
> 같은 일 반복되어도
> 나는 나의 길을 간다
>
> 눈부신 복된 날이라고
> 날마다 속삭이며
> 오늘을 살아간다
>
> ─「오늘을 산다」

 '생명'이란 흔한 말을 생각하면 우리가 살아가는 하루하루가 그리 행복하지 않을 수가 없다. 물론 저마다 환경과 상황에 따른 고통과 절망의 나날을 겪는 경우도 있지만,

의지와 무관하게 이 세상에 나와 어떤 목적을 향한 것인지도 모르고 아무 생각 없이 지내는 날이더라도 '살아 있음'의 의미는 각별하다. 세상에 태어나서 길을 걷는 존재들에게 각자 매달린 목숨의 의미와 가치는 천차만별이겠지만, 자신에게 주어진 소명을 깜냥껏 이룩하는 우리 인간이 걸어야 하는 생명의 길은 그 어떤 값으로도 매길 수 없이 소중하다. 위 시의 제목처럼 "오늘을 산다"는 의미를 되새긴다. '오늘'이란 말의 어원은 한국이 낳은 세계적인 철학자 다석 유영모(1890~1981)에 따르면 '오! 늘'이다. '오늘살이'라 할 수 있는 다석의 '하루 철학'은 오늘 하루를 사는 일이 '늘', 그러니까 영원한 시간을 살아가는 일과도 접맥된다. 시간 단위에서 짧은 단위인 '하루'가 얼마나 크고 긴 시간이 응축된 날인지 알 수 있다. "갈 테면 가라지 / 붙잡지 못하는 세월 / 같은 일 반복되어도 / 나는 나의 길을 간다"는 다짐이 쌓이고 쌓인 '오늘'의 길은 시간의 수레바퀴에서 영원으로 이어지는 상징적인 뜻이 담겨 있음을 위 시를 통해 재확인한다.

사람살이 다양하고 특별하거나 사소하거나 결국 한 몸으로 와서 한 몸으로 저무는 인생이다. 그렇기에 태어난 환경과 배경이 다르고 자라온 처지나 인연이 달라도 죽음을 맞이하는 풍경은 엇비슷한 게 사람이다. '사람'의 일생을 압축한 말이 '삶'이다. 그러니까 사람은 삶으로써 자신의 정체성을 형성하고, 그 정체성을 획득하는 과정 자체가 생명의 의미 가운데 중요한 일부가 된다. 누구나 죽음을 맞이하면서 자신이 살아온 날들을 되돌아보게 된다. '삶− 죽음'이라는, 끝없는 궤도를 맴도는 영혼에게 안식을 주는 이는 누구인가. 모든 사람이 궁금해하고, 또한 모든 이들이 한 번쯤 생각해 보았음직한 물음이다. 시인은 그러한 해답을 내리는 사람은 아니다. 하지만 삶과 죽음의 비밀을 누구보다도 오랫동안 궁구하면서 캐묻는 존재가 바로 시인일 것이다. 죽음이라는 현실을 놓고 보이는 세계 이면의 진실을 언어로 상징화하여 드러내고 형상화하는 시인이다.

> 한 줌 흙으로 나란히 누운 부모님 계신 곳에
> 누가 와서 꽃씨를 뿌렸습니까
>
> 아무도 눈길 주지 않는
> 잡초로 살아온 설움 딛고
> 개망초꽃 하얗게 피었습니다
>
> 술패랭이 다섯 꽃잎
> 한 가지에 다섯 남매
> 고개 숙여 드리는 감사
> 붉게 익은 산딸기
> 입 벌리라 합니다

화려한 루드베키아
어디서 왔는지 물어보지 않았습니다
기린초, 엉겅퀴, 까치수염
유월 구름 꽃
수줍게 흔들리는 그대가 좋습니다


먼 하늘 화선지에 펼쳐지는
꽃밭 가득 그리운
당신 얼굴
가만히 만져 봅니다
　　　　　　　　　—「눈물 마른 산에는」


　돌아가신 부모님이 누워 계시는 묘소 앞에 핀 다양한 꽃
들을 보면서 떠오른 상념을 형상화한 시다. "먼 하늘 화선
지에 펼쳐지는 / 꽃밭 가득 그리운 / 당신 얼굴 / 가만히
만져" 보는 시인의 손길에 어느덧 지난 시절의 부모님 얼굴
이 되살아나 매만지는 듯 애처롭다. 그러나 이러한 애처로
움과 그리움은 현실을 살아가는 시인에게는 또다시 희망
의 오늘을 살아가게끔 추동하는 감정일 수도 있다. "눈물
마른 산"이라는 시제에서도 볼 수가 있듯이, 펑펑 눈물을
쏟아 더 이상 흘릴 눈물마저 메말라 버린 시인의 심정을
짐작하게 된다. 하지만 "아무도 눈길 주지 않는 / 잡초로
살아온 설움 딛고 / 개망초꽃 하얗게 피었습니다"란 진술

에서 보듯 죽음마저 지울 수 없는 삶의 찬란한 빛깔을 생각하면 비록 덧없는 죽음이라도 생전의 삶을 기억하고 되돌아보는 마음이 피우는 꽃처럼, 추념의 형식이 불러오는 아름다운 존재성은 사라지지 않는다. 혈육이 만들어 내는 온갖 정과 사랑은 하나둘씩 떠나는 가족을 보면서 더욱 깊어져만 간다. 이것이 사람이 어느 존재보다도 아름다울 수 있는 원인이 되기도 한다. 산마다 어우러지면서 피는 꽃들은 먼저 떠난 이의 마음과 남아 있는 이의 마음이 만나서 빚는 사랑과 평화의 상징으로 읽을 수도 있겠다.

태양이 새끼손가락만큼만 다가온다면
지구 자전이 일 분씩만 빨라진다면
별들이 제멋대로 자리 옮긴다면

끔찍한 일 안 일어나는
기적 같은 날들이
눈만 뜨면 곁에 앉아 있다

숨 쉬듯 읊조려도 모자라는
지금을 느낄 때

그네에 뒤통수 맞던 날
이석증으로 천장이 빙글빙글 돌아가던 날

트럭이 승용차 삼키던 날
목숨 부지한 것
그날만 감사한 것 아니었네


아무 일 없는 오늘은
기적 속에 하루였네
　　　　　　　　　 —「아무 일 없는 날」


　생사를 초월할 수 없는 존재가 인간이라면 하루하루 주
어진 생명을 소중하게 지키며 살아가는 일 자체가 지극히
아름다운 작업이다. 시인은 위 시에서 '기적'이라는 논리가
저 멀리 있거나 지금 여기를 초월한 곳에서만 일어나는 일
이 아니라, "아무 일 없는 오늘"이 기적 속 하루라는 곳에
서 펼쳐지고 있다고 바라본다. "태양이 새끼손가락만큼만
다가온다면 / 지구 자전이 일 분씩만 빨라진다면 / 별들이
제멋대로 자리 옮긴다면 // 끔찍한 일 안 일어나는 / 기적
같은 날들이 / 눈만 뜨면 곁에 앉아 있다"는 말에는 누구
든 동의할 것이다. 한 끗만 어그러지면 그야말로 아비규
환의 생지옥이 펼쳐질 것임이 분명하지만, 그리고 나날이
겪기도 하는 사고 유발의 사태를 가까스로 비껴가는 시간
의 연속이지만 시인은 "숨 쉬듯 읊조려도 모자라는 / 지금"
바로 그 순간을 지나는 시간이 기적이 아니겠느냐는 말을
한다. 기적은 아무나 행할 수 없거나 어느 누구도 상상할

수 없는 기괴한 행위를 두고 일컫는 말로 이해해서는 안 되겠다. 기적은 매순간 살아가는 과정 자체이다. 이러한 기적이 쌓여서 오늘을 이룩하고, 그 오늘이 쌓이고 쌓여 영원의 세계에서 떠다니는 것이다.

당신의 골방에 엎드립니다
모든 생각과 설움도
은밀하게 말할 수 있는
비밀의 공간 속에 있습니다

당신은
비었던 가지를
생명 꽃으로 피우는 입김입니다

거리도 잴 수 없는 넓은 뜰에
피조물 중에 으뜸으로
사람 지으시고 다듬어 가는
능력의 손길

어찌 그리 크신지요
어찌 그렇게도 섬세하게 살피시는지요
당신을 아버지라 부를 수 있는 것은
최고의 특권입니다

말로 표현할 수 없는 은혜

감사합니다

당신 품에 안긴 나는

오늘도 행복합니다

—「나의 하나님」

이번 시집은 종교시편이라고 할 수 있을 정도로 기독교적인 색채를 띤 시들이 많다. 시인이 독실한 기독교인이어서 그런지 몰라도, 시인의 일상을 사로잡는 것 가운데 가장 큰 밑동이 되는 게 '하나님'이다. 이 절대자요, 조물주요, 세상의 창조자면서 구세주인 하나님에 대한 절대복종과 사랑은 아마 기독교인이라면 신앙의 기본적인 줄기일 것이다. 시인에게 하나님은 측정할 수 없는 깊이와 너비와 길이를 지닌 분이다. 이러한 절대자에 대한 믿음과 사랑으로 하여금 시인을 살 수 있게 하는 것이다. "말로 표현할 수 없는 은혜 / 감사합니다 / 당신 품에 안긴 나는 / 오늘도 행복합니다"라 고백하는 시인의 마음 깊은 곳에 웅크리며 자라나는 믿음의 빛깔을 상상한다. 이러한 믿음은 단지 신경信經에 적혀 있기 때문에 알게 된 '사실'을 믿어서 생기는 마음이 아니다. 믿음은 어떤 사실을 받아들인다는 뜻보다는 온몸과 마음으로 믿음의 대상 속으로 들어간다는 확장된 의미까지 포함하는 상태이다. 그렇기에 믿음을 얻게 되면 어떤 일에 부딪치더라도 믿음 하나만 움켜쥐게 되는 것이다. 믿음으로 하여금 하나이신 그분을 증거하고, 믿음으로 해서 그분의 능력을 공표하게끔 추동할 수 있는 것이다. 독실한 믿음 하나가 불러오는 위 시는 이런 전제에서 이해하면 더욱 풍부한 해석을 낳을 수 있겠다는 생각이다.

광야를 걷는다
마른 햇볕 마시며 걷는다
이 세상 오아시스
머물 곳 아니기에
생명수 흐르는
영원한 곳 바라본다

무거운 한 걸음이 하루 같고
가벼운 천 리 길이 한 걸음 같을 때
가까운가 하면 멀리 있고
멀리 있는가 하면 가까운 본향
눈앞에 있네

뜨거운 인생길 눈물 고일 때
구름기둥 아니면 어이 견뎠을까
시리도록 깜깜한 사막의 밤
불기둥 아니면 어이 견뎠을까

너를 사랑하노라

너와 함께하노라

하나님 사랑은 하늘 두르고

마르지 않는 바다와 같아라

나무를 심으면 새가 날아오고

꽃을 심으면 벌 나비 찾아오듯

사랑을 심으니 사람이 다가오네


아직도 남은 길


고단한 몸은 쉬라 하지만

십자가 그늘 아래 모든 짐 내려놓고

빛을 따라 걷는다

주와 함께 걷는다


즐거운 맘으로

본향을 향하여

—「순례자」


　시 언어와 종교 언어는 다르지만 더러 시에서 합일되는 경우가 생긴다. 흔히 '종교시'라 부르는 시의 하위 갈래가 생긴 연유도 그러하다. 신앙의 영역과 예술의 영역은 아주 오래 전부터 서로 섞이면서 지그재그로 발전해 왔다.

오늘날 현대 시인들의 경우도 종교시라 말할 수 있을 만큼의 다양한 신앙과 믿음의 소재가 시로 활용되고 있다. 신현숙 시인의 시도 그 가운데 하나의 경우로 볼 수 있다. 독실한 기독교인으로서 시인에게 중요한 것은 시인으로서 시작詩作 행위뿐만 아니라 오랫동안 간직해 온 믿음의 문제를 끝까지 이끌고 나가는 것이다. 이 자체가 '순례'의 하나가 될 수 있다. "이 세상 오아시스 / 머물 곳 아니기에 / 생명수 흐르는 / 영원한 곳 바라"보는 신앙인의 마음에는 현실이 영원한 천국이 될 수 없다. 언젠가 떠나야 하는 공간과 시간에서 방황하는 무리들이 인간이다. 언젠가 절대자의 품 안에 안길 존재이다. 그래서 어쩌면 인생은 잠시 머물다 떠나는 임시 공간이라고 할 수 있을 것이다. 시인에게 영원한 곳은 "본향"인 주의 품속이다. "고단한 몸은 쉬라 하지만 / 십자가 그늘 아래 모든 짐 내려놓고 / 빛을 따라 걷는다 / 주와 함께 걷는다 // 즐거운 맘으로 / 본향을 향하여" 걷는 인생길을 시인은 오늘도 걸을 것이다. 영원한 곳에는 고통도 절망도 한숨 쉬는 소리도 없다. 안식이 꿀처럼 흐르는 곳은 지금 이곳에는 존재하지 않는다. 그래서 신앙인이든 그렇지 않든 '내일'이라는 꿈과 희망을 찾아 부나비처럼 떠돌아다니는 것이다. 하지만 시인은 그런 무모한 방랑길을 원하지 않는다. 그에겐 확실한 믿음의 대상이 있으며, 믿음으로 해서 얻게 되는 마음의 안식과 평화를 누구보다도 잘 알 것이기 때문이다. 순례하는 자의 고통은

순례를 통해 받아들이게 되는 기쁨에 비하면 아무것도 아
니다. 그러한 본향을 찾아 나서는 시인은 맑은 음표처럼
걸린 말의 형식을 올려다보며 영원히 끝나지 않을 사랑의
찬가를 부른다. 이 노래는 절대자를 향한 것이기도 하고
자신의 시적 세계를 향한 것이기도 하다. 이번 시집은 그
노래의 한 소절쯤이 아닐까 생각한다.

신현숙 시집

# 꽃잎에 쓰는 편지

**초판 발행일** 2025년 10월 27일

————

**지은이** 신현숙
**펴낸이** 임만호
**펴낸곳** 창조문예사
**등 록** 제16-2770호(2002. 7. 23)
**주 소** 서울특별시 강남구 압구정로 404, 2층 (우 : 06014)
**전 화** 02) 544-3468~9
**F A X** 02) 511-3920
**E-mail** holybooks@naver.com

————

**책임편집** 김종욱
**디자인** 이선애
**제 작** 임성암
**관 리** 양영주

————

**ISBN** 979-11-91797-82-4 03810
**정 가** 10,000원

————